LA

PÉNITENTE

LA

PÉNITENTE

OPÉRA-COMIQUE EN UN ACTE

PAROLES DE

MM. HENRI MEILHAC et WILLIAM BUSNACH

MUSIQUE DE

MADAME DE GRANDVAL

Représentée pour la première fois, sur le Théâtre Impérial de l'OPÉRA-COMIQUE, le 13 mai 1868.

PARIS

E. DENTU, ÉDITEUR

LIBRAIRE DE LA SOCIÉTÉ DES GENS DE LETTRES

Palais-Royal, 17 et 19, Galerie d'Orléans.

—

1868

PERSONNAGES

TERESITA, 18 ans........................... Mlle Cico.
EUGENIO, 20 ans........................... M. Leroy.
PERICO, 50 ans........................... M. Potel.

La scène en Espagne.

— 1770. —

LA

PÉNITENTE

Le théâtre représente une salle gothique. — Une porte au fond est latérale.

SCÈNE PREMIÈRE.

TERESITA, PERICO.

TERESITA.

Voulez-vous m'être agréable, Perico ?

PERICO.

Madame, je ne demande pas mieux.

TERESITA.

Plaignez-moi, alors, plaignez-moi ! car jamais sort ne fut plus misérable que le mien. Il y a un mois, le seigneur Torribio, le plus grand gourmand de toute la Castille...

PERICO.

Et mon bon maître...

TERESITA.

M'aperçoit dans la boutique de mon père... Il y venait souvent pour acheter des friandises...

PERICO.

Oh ! dit-il, quelle est cette jeune personne ?

TERESITA.

C'est ma fille, monseigneur.

PERICO.

Ah ! ah !

TERESITA.

Et le seigneur Torribio revient le lendemain ; le surlendemain, il finit par dire à mon père...

PERICO.

Ecoute, Esteban, je n'ai plus de goût à rien ; — il n'y a qu'une façon de me rendre l'appétit : c'est de me donner ta fille en mariage.

TERESITA.

Et me voilà mariée...

PERICO.

Et vous voilà mariée...

TERESITA.

Pendant les quinze premiers jours, tout s'est fort bien passé, l'on n'est guère sorti de table, mais le quinzième jour...

PERICO.

C'était hier...

TERESITA.

Vers le milieu d'un pâté de mauviettes...

PERICO.

Aux truffes !

TERESITA.

Dernier cadeau de mon père, voilà mon pauvre mari qui dit : Ouf ! et qui se renverse.

PERICO.

On l'emporte... arrivent les médecins...

TERESITA.

Qui sont encore près de lui !... Et derrière les médecins, toute la famille Torribio.

PERICO.

Les petits Torribio... Les grands Torribio !

TERESITA.

Un frère surtout, — long, long, et vilain... qui se met à me regarder avec des yeux terribles ; — et je crois bien que c'est par son ordre que l'on m'a enfermée ici... (Perico incline la tête.) dans cette salle qui peut-être n'a pas l'air d'une prison, mais qui cependant en est une, — attendu que je n'en puis sortir... je n'y vois personne, si ce n'est une vieille duègne qui m'apporte à manger... cinq fois par jour...

PERICO.

On n'a pas encore changé les habitudes de la maison.

TERESITA.

Enfin, après vingt-quatre heures d'attente, je vous vois arriver, vous, l'intendant de mon mari, et quand j'espère que vous m'apportez de bonnes nouvelles... (Perico lève les bras au ciel.) cette figure...

PERICO.

Oh ! madame...

TERESITA.

Il paraît que mon pauvre mari...

PERICO.

Toujours dans le même état, madame... ce malheureux pâté...

TERESITA.

Ce pâté...

PERICO.

Hélas, oui, madame !

COUPLETS.

I.

Les savants, les docteurs
Disaient : Point de terreurs,
Point de craintes frivoles,
Tout danger s'en ira,
Le pâté passera !
Mensongères paroles,
Il est là,
Toujours là,
O destin fâcheux ! ô misère !
Lorsque tout passe sur la terre
Lui seul, hélas !
Ne passe pas !

II.

Disant ceci, cela,
Chacun vient, chacun va ;
Mais chacun a beau faire :
Il tient bon ce pâté,
Malgré la Faculté,
Malgré l'apothicaire
Il est là,
Toujours là,
O destin fâcheux ! ô misère !
Lorsque tout passe sur la terre
Lui seul, hélas !
Ne passe pas !

TERESITA.

Ah !

PERICO.

On ne peut pas dire le contraire... Monseigneur a attrapé là une indigestion digne de lui...

TERESITA.

Et son frère ?... celui qui est si long et si laid...

PERICO.

Il est toujours près du malade, madame... et c'est justement de la part de ce frère que je viens...

TERESITA.

Ah ! l'on s'est occupé de moi ?

PERICO.

Assurément, madame... non pas qu'il y ait rien de désespéré, mais enfin, si un malheur arrivait, il a bien fallu penser à ce qu'on ferait de madame...

TERESITA.

Comment ! à ce qu'on ferait ?

PERICO.

Et c'est moi que l'on a chargé... malgré ma position d'intendant... parce qu'enfin avant le mariage de madame, j'étais l'ami du père de madame... madame ne m'en veut pas de lui rappeler...

TERESITA.

Eh ! non, je ne vous en veux pas... Qu'est-ce qui a été décidé, voyons ?...

PERICO.

C'était autrefois un bien grand pécheur que le seigneur Torribio, votre mari !... Donc, la liste de ses fautes étant fort longue, et le temps qui lui reste pour s'en repentir... pouvant être fort court, cette idée lui est venue qu'il serait bon de charger une autre personne de se repentir à sa place... Or, quelle autre personne mieux que sa femme..

TERESITA.

Sa femme !

PERICO.

Sa femme...

TERESITA.

Mais c'est moi qui suis sa femme...

PERICO.

Sans aucun doute...

TERESITA.

Je ne comprends pas bien...

PERICO.

Je vais vous expliquer, madame... Je vais devenir clair comme de l'eau de roche. Voilà une comparaison dont je ne me serais pas servi autrefois... ce que c'est que de nous! — Avez-vous jamais entendu dire, madame, qu'il y eût au Malabar des veuves qui se fissent brûler après la mort de leurs maris?

TERESITA.

Comment! est-ce qu'on voudrait?

PERICO.

Non pas... mais il n'y a pas de mal à ce que vous pensiez un peu à cela, parce qu'alors ce qu'on attend de vous vous paraîtra la chose la plus facile du monde...

TERESITA.

Et ce qu'on attend de moi?

PERICO.

C'est que vous entriez dans un couvent pour y pleurer et faire pénitence des fautes de votre mari...

TERESITA.

Par exemple!...

PERICO.

Vous voyez que c'est moins désagréable que le... vous savez, au Malabar.

TERESITA.

Cela ne fait rien. — Je refuse!

PERICO.

On prévoyait ce refus. Aussi, a-t-on décidé qu'une personne plus éloquente que moi viendrait causer avez vous et vous donner des conseils. Cette personne vous décidera sans doute.

TERESITA.

En vérité! — Et quelle est cette personne?

PERICO.

Votre propre neveu, madame...

TERESITA.

Mon neveu?

PERICO.

Ou plutôt le neveu de votre mari... le fils de son frère...

TERESITA.

De celui qui est si long, si long?...

PERICO.

Et si vilain, oui, madame... Le seigneur Torribio, votre noble époux, voulait le faire entrer dans les gardes, ce jeune homme... mais votre beau-frère a préféré le destiner aux ordres. Il sort à peine de l'École de Théologie de Cordoue... — il en était la gloire...—On lui a dit ce à quoi il fallait vous décider: — C'est très-bien! a-t-il répondu, un quart d'heure suffira.

TERESITA.

Un quart d'heure!

PERICO.

Ah! c'est un petit bonhomme qui parait bien sûr de son affaire ..

TERESITA.

Je ne le connais pas, ce jeune homme... Il doit être affreux, s'il ressemble à son père...

PERICO.

Il ne lui ressemble pas, madame...

TERESITA.

Ah! tant mieux! — Mais, enfin, si ce vertueux jeune homme ne me décidait pas ?

PERICO.

Alors, la famille, se fondant sur l'ingratitude que vous auriez montrée, s'efforcerait d'obtenir contre vous...

TERESITA.

Oh !

PERICO.

Mais encore une fois, on espère que dès que vous aurez causé avec ce jeune homme, vous ne demanderez pas mieux... (Trois coups de cloche graves, espacés.)

TERESITA.

Qu'est-ce que c'est que cela ?

PERICO.

Sans doute l'arrivée de votre neveu que l'on vous annonce.

SCÈNE II.

LES MÊMES, EUGENIO.

TERZETTO.

TERESITA à Perico.

Est-ce lui, Perico ?

PERICO.

Madame, c'est lui-même.

TERESITA.

Comme il serait gentil, s'il avait l'air plus doux !

EUGENIO à Perico.

La personne ?

PERICO.

Elle est là...

EUGENIO.

Que Dieu soit avec vous

TERESITA, PERICO.

Que Dieu soit avec vous !

EUGENIO.

O ciel, inspire-moi dans cet instant suprême,
Et fais, tout humble que je suis,
Que dans le bon sentier je mette ta brebis.

ENSEMBLE.

TERESITA.

Ne craignons rien,
Sa voix est tendre ;
Peut-être bien
Qu'on peut s'entendre.
Ne craignons rien,
Oui, du courage;
Ce personnage,
Bientôt plus doux,
Sera, je gage,
A mes genoux !

EUGENIO.

Ne craignez rien.
Sans vous défendre,
Pour votre bien
Il faut m'entendre.
Ne craignez rien;
Malgré mon âge,
Par mon langage
Et sans courroux,
J'aurai, je gage,
Raison de vous !

PERICO

Ne craignez rien,
Sans vous défendre,
Pour votre bien,
Il faut l'entendre.
Ne craignez rien,
Malgré son âge,
Ce personnage,
Sans nul courroux,
Aura, je gage,
Raison de vous!

PERICO.

Vous plait-il maintenant que je vous laisse ensemble ?

EUGENIO.

Sans doute, laissez-nous !

PERICO.

Pauvre femme ! elle tremble...

TERESITA.

Laissez-nous, Perico !

PERICO à Teresita.

Voyons, n'ayez pas peur !

TERESITA.

Ai-je l'air, entre nous, de mourir de frayeur ?

EUGENIO.

Laissez-nous, Perico...

TERESITA.

Perico, laissez-nous !

PERICO.

Le ciel soit avec vous !

EUGENIO, TERESITA.

Le ciel soit avec vous !

REPRISE DE L'ENSEMBLE.

Perico sort.

SCÈNE III.

TERESITA, EUGENIO.

EUGENIO, toussant.

Hum ! hum !

TERESITA.

Hum ! hum ! ainsi donc, monsieur mon neveu...

EUGENIO.

On vous a fait connaître, madame, les intentions de la famille ?

TERESITA.

Oui, mon neveu.

EUGENIO.

Et vous êtes décidée, je suppose...

TERESITA.

Décidée ?

EUGENIO.

Oui, vous acceptez avec reconnaissance...

TERESITA.

Faut-il vous dire la vérité ?

EUGENIO.

Sans doute.

TERESITA.

Je vous dirai que je ne suis pas décidée du tout, oh mais,

pas du tout à entrer au couvent; — je suis décidée au contraire à résister par tous les moyens possibles...

EUGENIO.

Oh!

TERESITA.

Et jamais je n'admettrai comme une chose raisonnable que l'on prétende me faire faire pénitence des fautes de mon mari...

EUGENIO

Vous ferez bien, en effet, de commencer par faire pénitence de vos fautes, à vous...

TERESITA.

De mes fautes?

EUGENIO.

Oui.

TERESITA.

Oh!.. se peut-il qu'avec tant de jeunesse et un visage si doux, vous soyez si méchant!

EUGENIO.

Hé!

TERESITA.

Si sévère, veux-je dire... je vous assure que je ne suis pas une aussi grande coupable que vous vous le figurez...

EUGENIO.

Vous croyez cela, vous?..

TERESITA.

Comment, si je le crois, mais sans doute...

DUO.

TERESITA.

Lorsque je regarde en moi-même,
Je n'y saurais rien découvrir,
Si ce n'est une ardeur extrême,
Vers la jeunesse et le plaisir.

EUGENIO.

Pour mériter le plus dur des couvents,
Madame, je dois vous le dire,
Il vous suffit d'avoir de pareils sentiments !

TERESITA.

Si Dieu créa les fleurs c'est pour qu'on les respire.

EUGENIO.

Par votre salut éternel !
Ne parlez pas ainsi, c'est offenser le ciel.

TERESITA.

L'offense-t-on pour un peu de tendresse ?
Vous dites que c'est mal; je crois, moi, que c'est bien !
Puisque Dieu créa la jeunesse,
C'est pour que l'on soit jeune, ou je n'y comprends rien !

EUGENIO.

Ah ! qu'il vous faudra de rigueurs
Pour expier de pareilles erreurs !

TERESITA.

Vous me vantez la nuit, je préfère le jour,
Et j'en appelle à Dieu lui-même:
Puisqu'il créa la jeunesse et l'amour,
C'est qu'il lui plaît qu'on soit jeune et qu'on aime !

EUGENIO.

O blasphème !

ENSEMBLE.

TERESITA.	EUGENIO.
Malgré son air intraitable	Malgré ce visage aimable
Il cédera, c'est certain;	J'ai devant moi, c'est certain,
Avec ce visage aimable	Le grand tentateur, le diable,
On ne peut être inhumain !	L'ennemi du genre humain !
Tu voudrais bien le paraître,	Tu me voudrais prendre en traître
Mais tu n'y réussiras pas.	Mais tu ne me prendras pas ;
Enfant, l'amour est ton maître:	Car j'ai su te reconnaître...
A mes pieds tu tomberas !	Oui, c'est toi, toi, Satanas.

EUGENIO, *essayant d'être dur.*

Malheur à qui ne songe qu'à la terre !
Malheur à qui se plaît aux plaisirs des méchants !

TERESITA.

Ne grondez pas, ne soyez pas sévère,
Songez que je suis femme et que j'ai dix-huit ans

EUGENIO, *à part.*

Dans cette voix quelle douceur traîtresse !
Si l'on n'y veillait pas, comme on y serait pris

TERESITA.

Il faut avoir pitié de ma faiblesse...
Je suis docile au fond; quand j'ai tort, je le dis....

REPRISE DE L'ENSEMBLE.

EUGENIO, *très-troublé.*

Ah ! malheureuse femme !

TERESITA.

Ne vous fâchez pas...

EUGENIO.

Oser prétendre que Dieu lui-même ayant créé les fleurs, il n'y a pas de mal à les respirer... Oser soutenir qu'ayant créé la jeunesse, il n'y a pas de mal à être jeune...

TERESITA.

Dame !.. je croyais, moi !...

EUGENIO

Oser dire que c'est lui qui a allumé cette flamme, qui a créé l'amour... puisqu'il faut l'appeler par son nom!

TERESITA.

L'amour !

EUGENIO, perdant la tête, à part.

Ah ! mon Dieu ! qu'est-ce que j'éprouve donc?.. (Haut.) Et qu'alors il n'y a pas de mal à tout sacrifier à ce sentiment qui nous entraîne... oser dire que lorsque l'on aime, il faut tout oublier, tout fouler aux pieds .. tout... tout !...

TERESITA.

Pour le coup, vous en dites plus que je n'en ai dit ...

EUGENIO.

Moi ?

TERESITA.

Oui, vous... et si je vous répétais vos paroles... Voulez-vous que je vous répète ?...

EUGENIO.

Cela est inutile... (A part.) Jamais je n'ai rien éprouvé de pareil ! la tête ! la tête ! il me semble que je vais tomber... Il est vrai que c'est la première fois que je me trouve devant une femme jeune... car elle est jeune... elle est... elle est... charmante...

TERESITA.

Que cherchez-vous ?

EUGENIO.

Mon chapeau... tout à l'heure j'avais... voilà que je ne sais même plus ce que j'ai fait de mon chapeau à présent !... Ah ! le voici ! — Oh ! la tête ! la tête ! Ah ! fuyons !

TERESITA.

Comment, vous partez ?

EUGENIO, à part.

Je crois que c'est ce que j'ai de mieux à faire ! (Haut.) Oui... je pars !

TERESITA.

Mais vous étiez venu pour. .

EUGENIO.

Oui... cela est vrai, j'étais venu pour... je ne vous dis pas le contraire... mais je m'aperçois maintenant... enfin... j'aime mieux m'en aller.,. et je m'en vais. Il sort.

SCÈNE IV.

TERESITA, PUIS PERICO.

TERESITA.

Et il s'en va... il s'en va, ma foi, comme il l'a dit. — (Appelant) Perico !.. Perico !... venez vite, Perico !

PERICO, entrant.

Eh bien, madame... a-t-il réussi ?

TERESITA.

Courez après lui, ramenez-le...

PERICO.

Ramener qui ?

TERESITA.

Mon neveu... qui est venu pour me convertir... il avait commencé, et la conversation ne marchait pas trop mal... voilà que tout d'un coup, il s'est sauvé...

PERICO.

Est-ce possible ?

TERESITA, le poussant vers la porte.

Mais courez donc, au lieu de demander si cela est possible... courez et ramenez-le !

SCÈNE V.

TERESITA, revenant.

C'est que je tiens absolument à ce qu'il revienne, moi ; j'aime mieux celui-là qu'un autre... avec celui-là, au moins, la moitié de la besogne est faite... Ah! c'est égal... si j'avais su à quoi je m'exposais en épousant le seigneur Torribio! ah! si c'était à refaire!

AIR.

O beaux jours de ma jeunesse,
Jours de plaisir,
Doux souvenirs,
En mon cœur je vous caresse,
O rêve effacé
Du passé!
Comme dans un songe,
Sachons les revoir,
Séduisant mensonge...
C'est fête ce soir!
Vite qu'on me pare
Et pressons le pas;
Un bruit de guitare
Résonne là-bas!

O beaux jours de ma jeunesse,
Etc.

C'est là que, joyeuse et légère,
Je veux danser comme autrefois,
Au bruit des chansons qui naguère
Charmaient l'écho de nos grand bois.
Ah! ah!
On danse là-bas!

O beaux jours de ma jeunesse,
Etc.

SCÈNE VI.

TERESITA, PERICO.

TERESITA.

Eh bien, Perico?

PERICO.

Ne craignez rien ; je l'ai rattrapé, votre neveu..

TERESITA.

Et il est là ?

PERICO.

Il est là... mais, je vous en prie, madame, si vous tenez à ce qu'il rentre ici...

TERESITA.

Je crois bien que j'y tiens !

PERICO.

Allez-vous-en un peu, madame ; vous reviendrez tout à l'heure.

TERESITA.

C'est bien... je m'en vais... mais qu'il reste... Perico, qu'il reste .. lui me décidera sans doute .. un autre ne me déciderait pas.

Elle sort.

SCÈNE VII.

PERICO, PUIS EUGENIO.

PERICO.

Allons, monsieur...

EUGENIO.

Tu es seul?

PERICO.

Oui, tout seul.

EUGENIO.

Ah !.. (Il entre.)

PERICO.

Eh bien ! que vous est-il donc arrivé ?

EUGENIO.

Que veux-tu que je te dise ? je n'y comprends rien moi-même !

PERICO, riant.

Moi, je comprends. — C'était peut-être la première fois que vous vous trouviez en face ?...

EUGENIO.

En face d'une jolie femme... car elle est jolie, ma tante !.. Oui, en effet... c'est la première fois ! — On m'avait promis que si je réussissais dans cette mission mon avenir était fait... j'ai accepté.

PERICO.

Voilà !.. Et quand vous avez été en présence de l'ennemi...

EUGENIO.

Je me suis sauvé.

PERICO.

Baste !... on se sauve la première fois... mais la seconde...

EUGENIO.

La seconde ?

PERICO.

On résiste... et l'on triomphe.

EUGENIO.

En es-tu sûr, Perico ?

PERICO.

Tout à fait sûr, — il suffit d'avoir la volonté, — tenez,

moi, monsieur, je suis un exemple admirable de ce que peut la volonté.

EUGENIO.

Toi ?

PERICO.

Qui eût osé dire que moi, Perico, je résisterais à une bouteille d'alicante ?.. — Eh bien, j'en ai découvert une ici... sans doute quelque restant de la noce de votre oncle, mais qui a une fameuse mine, allez !.. et depuis une heure et demie je lui résiste, à cette bouteille !.. je l'ai placée sur ma table en face de moi, et nous causons ensemble : — Tu me boiras, me dit-elle. — Et moi, je réponds : Je ne te boirai pas ! — Je gage que tu me boiras. — Je t'assure que je ne te boirai pas. — Voilà ce qu'on peut faire avec de la volonté.

EUGENIO.

C'est admirable, en effet... et je veux en avoir comme toi !

PERICO.

Vraiment... le courage est revenu ?

EUGENIO.

Oui.

PERICO.

Tout de bon ?

EUGENIO.

Tout de bon.

PERICO.

Je puis dire à madame de reparaître, alors ?

EUGENIO.

Tu peux le lui dire. Je ne crains plus rien !

PERICO, allant à la porte par où est sortie Teresita.

Madame... Si vous voulez venir! (Teresita entre.) Là!.... Quant à moi, je retourne causer avec ma bouteille : — Tu me boiras. — Je ne te boirai pas. — Tu me boiras. — Je te dis que je ne te boirai pas.

Il sort.

SCÈNE VIII.

EUGENIO, TERESITA.

TERESITA.

Je vous demande bien pardon, mon neveu...

EUGENIO.

Mais, c'est moi, qui devrais...

TERESITA.

J'ai refusé de me laisser convaincre par vos sages paroles...

EUGENIO.

C'est ma faute; car, de mon côté, je n'ai pas...

TERESITA.

Mais j'ai bien réfléchi depuis un quart d'heure.... et je suis décidée maintenant.

EUGENIO.

A entrer au couvent?

TERESITA, souriant.

Oh! non, pas encore...

EUGENIO.

Ah!

TERESITA.

Je ne vais pas aussi vite que cela, moi... malheureusement... mais enfin, il y a un progrès... J'ai fait un pas...

EUGENIO.

Un pas?... Et peut-on vous demander ce que vous entendez par ce pas?

TERESITA.

Certainement. Qu'est-ce que vous pensez de cette toilette?

EUGENIO.

Mais... elle est...

TERESITA.

Très-jolie, n'est-ce pas? J'attachais autrefois une grande importance à ces bagatelles... J'étais coquette, très-coquette, on ne peut plus coquette... Je veux me corriger... renoncer à ces parures frivoles...

EUGENIO.

Une très-sage idée...

TERESITA.

Alors...

EUGENIO.

Alors?...

TERESITA, *ouvrant un placard où se trouvent des robes.*

Si vous saviez comme je rougis maintenant...

Elle revient avec une robe sous le bras.

EUGENIO.

Qu'est-ce que c'est que cela?...

TERESITA.

Vous voyez bien. — C'est une robe... tout unie, toute simple, — presque une robe de novice!

EUGENIO.

Le fait est qu'on dirait...

TERESITA.

N'est-ce pas? — Je vais donc m'en revêtir sans perdre une minute... Cela me donnera le goût peut-être...

EUGENIO.

Comment!... Vous allez...

TERESITA.

Oui. — Ce sera fait tout de suite... Si vous voulez bien m'aider un peu...

EUGENIO.

Moi?

TERESITA, presque niaise.

Le motif est si louable...

EUGENIO.

Il est vrai... mais...

TERESITA, même jeu.

Nos intentions sont si pures...

EUGENIO.

J'en conviens... Le salut de votre mari...

TERESITA, de même.

Et le mien, seuls, nous animent!... Et puis, il me semble que, dès que j'aurai cette robe, je vous écouterai bien mieux...

EUGENIO.

Je le crois aussi!...

TERESITA.

Ne tardons pas longtemps... (Elle retire le mantelet qui couvre sa poitrine. Eugenio fait un mouvement pour s'éloigner.) Oh! restez près de moi... je veux que vous voyiez, de vos yeux, à quel point je renonce aux vanités de ce monde.

EUGENIO, *à part.*

Ah ! c'est pour en mourir !...

DUO.

TERESITA, *à Eugenio.*

Voyons, sans tarder davantage,
Vite, aidez-moi;
Je veux retirer ce corsage...

EUGENIO, *à part.*

Ah ! quel émoi !

TERESITA.

Eh bien, j'attends votre assistance !

EUGENIO.

C'est vrai ! Pardon !

TERESITA.

Pour commencer ma pénitence
Aidez-moi donc !

ENSEMBLE.

TERESITA, *à Eugenio.*

Pour un moraliste
Vous deviez prévoir
Qu'il fallait savoir
Etre camériste !

EUGENIO, *à part.*

Pour un moraliste
Pouvais-je prévoir
Qu'il fallait savoir
Etre camériste !

TERESITA, *à Eugenio, lui présentant la robe.*

A présent sur mon épaule
Placez ce tissu soyeux...
Tenez-le donc un peu mieux !
Ah ! ah ! que vous avez l'air drôle !

EUGENIO.

Quoi ! vous riez !...

TERESITA, riant toujours.

Ah ! ah !

EUGENIO.

Quoi ! vous vous moquez !

TERESITA, de même.

Ah ! ah !

EUGENIO, à part.

Je reconnais en ma démence
De Satan le pouvoir fatal !

TERESITA.

Ah ! vraiment, cette pénitence
Nous aura donné bien du mal !

ENSEMBLE.

TERESITA, à part.	EUGENIO, à part.
Trouble délicieux	Trouble délicieux
Dont son âme s'enivre!	Dont mom âme s'enivre,
Pour cette fois, son amour me le livre,	C'est d'aujourd'hui que je commence à vivre,
Je lis son émoi dans ses yeux !	Suis-je dans l'enfer ou les cieux ?

EUGENIO, tombant aux pieds de Teresita.

Ah ! pour cette fois, je ne résiste plus, ma chère sœur... ma chère tante .. non... je disais bien... ou plutôt... je ne sais plus ce que je dis.

TERESITA, riant à part.

Pauvre garçon !

EUGENIO.

Oui... je le vois à présent, oui... lorsqu'on se trouve

en face d'une jolie femme qui est persécutée, il y a quelque chose de mieux à faire que de s'unir à ses persécuteurs.

TERESITA.

C'est de l'aider à se sauver... Et c'est ce que vous ferez.

EUGENIO.

Parfaitement... nous fuirons ensemble, car moi aussi il va falloir que je me sauve...

TERESITA.

C'est entendu... Ah ! mon Dieu !

EUGENIO.

Quoi donc ?

TERESITA.

Et Perico... Il va s'opposer à notre fuite...

EUGENIO.

C'est juste... à tout prix il faut nous en débarrasser... Le voici justement. (La porte s'ouvre, Perico paraît.)

TERESITA.

Il s'agit de l'effrayer afin qu'il nous laisse le champ libre... Dites comme moi.

SCÈNE IX.

Les Mêmes, PERICO.

PERICO, s'asseyant devant la table, à sa bouteille.

Eh bien oui, je t'ai bue... Et si au lieu d'être vide, tu

étais pleine encore, je te boirais de rechef... Voilà ce que c'est que la volonté! Et puis après!... Tu ne réponds rien? C'est que tu n'as rien à répondre!...

TERESITA.

Perico!...

PERICO, cachant sa bouteille.

Madame...

TERESITA.

Monsieur a réussi! Et je me rends à ses conseils! J'entrerai au couvent, mais à une condition.

EUGENIO.

A quelle condition?

TERESITA.

A la condition que Perico, que ce bon Perico sera enfermé en même temps que moi...

PERICO.

Eh bien!... Voilà une idée, par exemple!

EUGENIO.

Vraiment, madame, vous consentiriez si l'on vous accordait cette bagatelle.

PERICO.

Une bagatelle!

TERESITA.

Tout de suite!

EUGENIO.

C'est une affaire entendue. Perico sera enfermé.

TERESITA.

Jusqu'à la fin de ses jours?

EUGENIO.

Naturellement...

PERICO.

Comment, naturellement!... Qu'est-ce qu'ils disent? qu'est-ce qu'ils disent?

TRIO.

EUGENIO.

Dans un cachot tout noir,

TERESITA.

Dans un cachot tout noir.

EUGENIO, TERESITA.

Du matin jusqu'au soir
Tu vivras en prière...

PERICO.

Dans un cachot tout noir,

EUGENIO.

Un cachot éternel,

TERESITA.

Un cachot éternel,

PERICO.

Un cachot éternel,

EUGENIO, TERESITA.

Bien clos et dans lequel
N'entre point la lumière,

EUGENIO.

Plus de repas joyeux,

TERESITA.

Plus de repas joyeux.

PERICO.

Plus de repas joyeux,

EUGENIO, TERESITA.

Plus de vin jeune ou vieux,
Plus rien que de l'eau claire,
Voilà, mon bon ami,
Pour un maître chéri
Ce que tu devras faire!

PERICO.

Au couvent, moi! Je tremble de frayeur...

EUGENIO, TERESITA.

Nous sommes sauvés, il a peur!...

PERICO.

En pareil cas, c'est évident
Le plus sage, le plus prudent,
C'est de prendre aussitôt la fuite.
Allons-nous-en et tout de suite...

Il veut s'en aller.

EUGENIO, TERESITA, *l'arrêtant.*

Bon serviteur, où courez-vous?...
Bon serviteur, écoutez-nous!

ENSEMBLE.

Dans un cachot tout noir,
Etc.

Sur la reprise de cet ensemble ils poursuivent Perico qui se sauve vers la porte. — La musique continue à l'orchestre. — A ce moment on entend au dehors le bruit d'une dispute. — Perico ouvre la porte. — On aperçoit deux médecins en train de se disputer.

PERICO.

Ah !... Les médecins qui soignaient mon pauvre maître...

PREMIER MÉDECIN.

Avec ça que vous vous y connaissez...

DEUXIÈME MÉDECIN.

Tout autant que vous, peut-être...

PREMIER MÉDECIN.

Vous n'êtes qu'un ignorant...

DEUXIÈME MÉDECIN.

Et vous, un âne !

PERICO.

Messieurs... messieurs...

Il leur parle.

TERESITA.

Qu'allons-nous apprendre ?

EUGENIO.

Est-ce que mon oncle Torribio...

PERICO, refermant la porte sur les médecins.

Ah! Madame... apprêtez-vous à recevoir un fameux coup...

TERESITA.

Je devine... Mon pauvre mari...

PERICO.

Sauvé!... il est sauvé!... Le pâté!... ce fameux pâté... il a fini par entendre raison... et mon maître vous demande à grands cris.

TERESITA.

Est-il possible!

PERICO.

Plus de pénitence... Ni pour vous, ni pour moi! Ah vous pouvez vous vanter de m'avoir fait une fière peur...

— FINAL.

TERESITA, à Eugenio.

Voyez... quel bonheur est le nôtre...
Partons!

EUGENIO.

Adieu!...

TERESITA.

Vous venez avec moi,
Vous serez officier dans les gardes du Roi,
Cet état vous va mieux que l'autre.
Mon époux me réclame;
Vite, partons d'ici,
Il ne faut pas faire attendre un mari
Qui demande sa femme.

TOUS.

Mon époux ⎱ me ⎫ réclame
Son époux ⎰ la ⎭
Vite, partons d'ici,
Il ne faut pas faire attendre un mari
Qui demande sa femme !

FIN.

Clichy. — Impr. Maurice Loignon, rue du Bac-d'Asnières, 12.

Clichy. — Impr. Maurice LOIGNON et Cie, rue du Bac-d'Asnières, 12.

www.ingramcontent.com/pod-product-compliance
Ingram Content Group UK Ltd.
Pitfield, Milton Keynes, MK11 3LW, UK
UKHW022138260726
13993UKWH00005B/2021

9 782329 437361